Rizos 101: Lo que nadie te dice sobre el cabello rizado

Por S.S Carrasco

Dedicado a todas las chicas que deciden liberarse y llevar su cabello al natural.

Índice

¿Qué tal si empezamos?..3

Transición capilar..4

Conoce tu tipo de cabello...5

   Textura:...5

   Porosidad:...7

   Productos para los diferentes tipos de rizos:...........................9

Ingredientes que debes conocer...10

   Sulfatos:...10

   Siliconas:..11

   Parabenos:..12

   Aceites minerales:..12

   Alcoholes:...13

Diccionario rizado...15

A la hora del lavado..21

Define tus rizos...24

¿Cómo puedo mantener mi definición?.....................................27

¿Qué pasa si…?...28

   Hidratación...28

   Nutrición...29

   Reconstrucción...30

Lo que nadie te dice sobre el cabello rizado..............................31

Una nota para ti...33

¿Qué tal si empezamos?

¡Hola! Si estás leyendo esto es porque has decidido llevar tu cabello natural. He creado este pequeño manual para ti porque, al igual que tú, yo también decidí hace unos años dejar mi cabello rizado y me vi muy confundida ya que no sabía absolutamente nada de cómo cuidar mi cabello y muchas de las cosas que sabía y productos que utilizaba al llevar mi cabello lacio ya no servían de nada.

En este manual te diré todo lo que yo hubiese querido saber al iniciar este camino del cabello rizado. ¡Comenzamos!

Transición capilar

La transición es un proceso físico y psicológico en el que le decimos adiós a nuestro cabello liso obtenido a través de químicos y daños por calor creados por secadores, para aceptar la belleza natural de nuestro cabello.

Ya conociendo lo que es una transición capilar debes determinar qué tipo de daño tiene tu cabello. Existen tres tipos de daño:

1. Daño por químicos, ya sea por keratina, alisados, botox capilares
2. Daño por calor, a raíz del secador, planchas, tenazas y rizadoras
3. Daño por tinte o descoloración

Según el daño que tenga tu cabello es tu decisión llevar una transición o hacer directamente un gran corte o big chop. Un gran corte consiste en cortar todo tu cabello procesado hasta donde comience tu cabello natural. El beneficio de este es que tu cabello podrá crecer sin ningún tipo de daño y no tendrás que lidiar con dos texturas de cabello diferentes, pero si eres una persona paciente o no quieres cortar desde el inicio todo tu cabello, la transición es lo indicado para ti.

Durante este proceso debes eliminar totalmente el calor; nada de secadoras, ni planchas, ni productos químicos para lacear el cabello. Tu cabello natural empezara a crecer y te verás con dos texturas diferentes: tu cabello rizado y tu cabello procesado y es cuando te veas así que quizás no te sientas muy cómoda y no sepas como tratar esas dos texturas, que requieren de cuidados diferentes. Deberás aprender a hacer diferentes peinados a tu cabello y entre los más recomendados durante este proceso están las trenzas africanas o box braids, los perm ronds y los flexi rods (De los cuales te hablaré más adelante), estos te ayudaran a igualar la textura de tu cabello.

Es un proceso muy bonito en el que podrás conocer tu cabello, no desesperes, tu cabello crecerá.

Conoce tu tipo de cabello

Textura:

Existen diferentes tipos de textura que van del 1 al 4 y de la A a la C.

El tipo 1 es un cabello lacio por naturaleza, el cual puede presentar cierta ondulación en el tipo B y C.

El tipo 2 es un cabello ondulado. Presenta ondas en forma de S y es un tipo de rizo muy común. En la mayoría de los casos suele tener mucho brillo y es muy fácil de peinar, pero puede perder muy rápido la definición al ser tan suave.

En el tipo 2A, las ondas hacen aparición de medios a puntas y tiene mucho brillo. Suele ser fino y con poco volumen. En el cabello 2B, las ondas se forman más cerca de la raíz, pierde definición con facilidad y tiende a tomar mucho frizz en la zona superior de la cabeza. El tipo 2C da lugar a ondas y rizos que se forman desde la raíz. Es el más grueso de todos los ondulados, pierde definición más fácilmente y suele tener un poco de frizz.

El tipo 3 es un cabello rizado. Este tipo de cabello presenta rizos en forma de espiral parecidos a unos sacacorchos, muy definidos. Resulta ser muy suave al tacto y aunque a simple vista no lo parezca, es el que más sufre con la humedad y por ende se crea mucho frizz en el.

El tipo 3A parece mezclado con alguna que otra onda tipo 2, pero generalmente son rizos definidos y grandes. Aunque tienden al frizz y a perder fácilmente esa definición, son cabellos fáciles de trabajar o de refrescar utilizando agua o los dedos. El tipo 3B, son rizos en forma de S, pero más cerrados que los del tipo A. Tiene mucho menos brillo que los del tipo de pelo ondulado y que el cabello 3A. Tienen mucho volumen y son de textura gruesa y densa. En el tipo 3C los rizos son bien apretados, parecidos al cable de un teléfono, aunque aparecen de vez en cuando algunos más grandes. Es el más grueso dentro de los tipos de pelo rizado y el que más volumen tiene. Eso sí, se encrespa con mucha facilidad.

El tipo 4 es un cabello afro. Tiene un patrón parecido a una z y un tacto áspero, es frágil y de apariencia esponjosa como nube. También es el tipo de rizo que más encogimiento presenta, eso quiere decir que en su estado normal puede verse a la altura de las orejas pero si lo estiras puede llegar hasta debajo de los hombros.

El tipo 4A son rizos con forma de S y de un tamaño muy pequeño. Es un cabello frágil, ya que posee menos protección natural que el resto de tipos de rizos y retiene mucho más la humedad que los anteriores. El cabello 4B es un tipo de rizos con forma de zigzag. Pueden llegar a encoger su longitud un 75%. Su textura varía de grueso a fino, pues no sigue un patrón exacto y al estar tan rizado, al tacto resulta áspero. El tipo 4C: también encoge su longitud un 75%. No tiene patrón de rizo definido y también puede variar entre un grueso y fino.

Aquí tienes una imagen donde puedes ver a que me refiero, puede ser un poco confuso. Al inicio no podrás saber 100% cuál es tu textura ya que tu cabello debe estar un poco largo y reconstruido para mostrar su patrón natural, por eso no te desesperes ni pienses que no se va a rizar, solo está pasando por una etapa de cambio. También puedes tener más de una textura en tu cabello, las cuales necesitan de métodos diferentes y maneras diferentes de aplicar los productos.

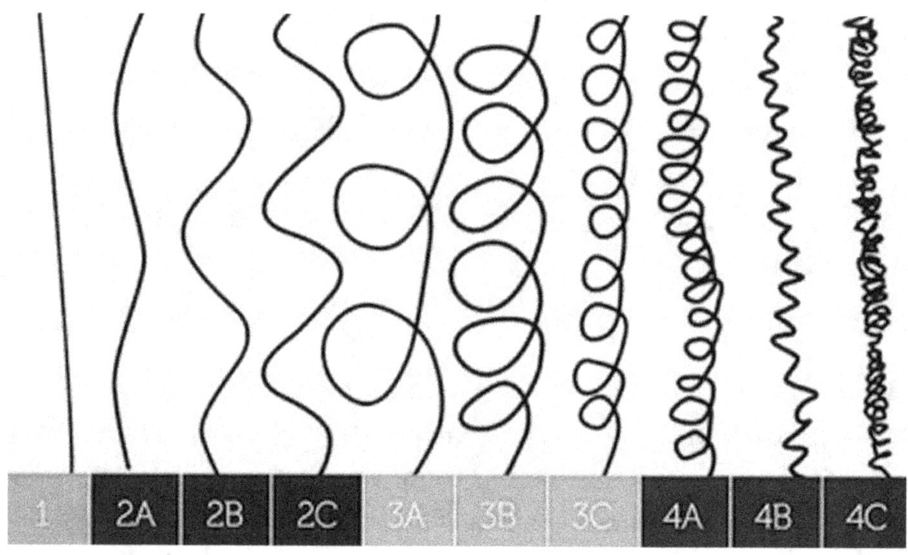

Porosidad:

La porosidad del cabello se refiere a su capacidad de absorber humedad, mientras más porosa es la hebra, más agua, productos o aceites absorberá, pero de la misma manera los puede perder también.

Para determinar el nivel de porosidad de tu cabello:

Coloca una o dos hebras de cabello recién lavado y sin ningún tipo de producto para estilizar en un vaso con agua y observar. Si la hebra se va al fondo del vaso, tu cabello es porosidad alta. Si la hebra se queda a mitad del vaso, tu cabello es de porosidad media. Si la hebra flota en el vaso, tu cabello es porosidad baja.

La porosidad alta hace que el cabello se enrede, se vea opaco y que absorba excesivamente la humedad del ambiente, provocando frizz. Para regularla, se debe sellar bien la hidratación del cabello, preferiblemente con aceites.

Si tienes porosidad media quiere decir que tu cabello permite que la cantidad adecuada de hidratación entre a la cutícula, este cabello generalmente requiere menos mantenimiento que los demás y se pueden utilizar tratamientos de proteínas de manera esporádica para mantenerlos fuertes, pero sin abusar de estos, una vez al mes estará bien. También debes evitar procesos muy fuertes de color.

Si tienes porosidad baja quiere decir que la cutícula del cabello está muy cerrada y esto no permite que la humectación y los productos penetren de manera tan fácil. Este regularmente es un cabello que es muy brillante y luce saludable, pero es muy propenso a acumular los productos en el exterior de las hebras pues estos no penetran bien, por esta misma razón no es un cabello fácil de teñir.

Si tienes este tipo de porosidad, a la hora de aplicar un tratamiento profundo o mascarilla te recomiendo que utilices un gorro térmico para darle un poco de calor y que la hebra se pueda abrir y absorber bien el producto.

Productos para los diferentes tipos de rizos:

El cabello desde el tipo 2A hasta el 3A es un cabello muy fino, mientras que del 3B al 4C es cabello más grueso y rebelde.

La primera categoría suele carecer de mucho volumen, así que si buscas volumen necesitaras productos más ligeros, es decir, que tengan una concentración más alta de agua o en su caso, que sean diluidos o aplicados en poca cantidad en un cabello empapado. Los mejores productos para esta categoría son leave in, gel y espuma. En caso de usar crema para peinar, debes mojar bien tu cabello y utilizarla en poca cantidad.

La segunda categoría de por si tiene mucho volumen pero al ser rebelde y un poco más reseco necesita productos con mantecas o aceites, productos más pesados para poder controlarlos y que perdure la definición. Para estos tipos de cabello se recomiendan las cremas de peinar a base de mantecas y gel.

Ingredientes que debes conocer

Sulfatos:

Los sulfatos son agentes limpiadores que están presentes en la gran mayoría de los productos de higiene personal, como la pasta dental, los shampoo y los jabones de baño. Su tarea principal es limpiar, por lo que son muy eficaces a la hora de arrastrar la suciedad y los aceites del cabello y son los responsables de crear la espuma en tu melena al lavar la cabeza. Lo malo que tienen estos tensioactivos (responsables de generar la espuma) es que pueden irritar y deshidratar la piel de tu cuero cabelludo y por ende también llevara parte de la hidratación de tu hebra capilar y es cierto que son los que mejor retiran la grasa y suciedad, pero también arrastran la grasa natural del cabello. El cabello rizado por naturaleza es muy reseco y utilizar este tipo de ingredientes a la larga puede resecarlo mucho y tu cabello va a necesitar de más productos hidratantes, dígase mascarillas, acondicionador y leave in para combatir con esa resequedad.

Algunos sulfatos a evitar en tus productos:

- Triethanolamine lauryl sulphate
- Sodium xylene-sulfonate
- Tea dodecylbenzenesulfonate
- Sodium lauryl sulfate
- Sodium polystyrene sulfate
- Sodium myreth sulfate

- Sodium polystyrene sulphate
- Tea-dodecylbenzenesulfonate

Siliconas:

Podemos encontrar dos tipos de siliconas: las que son solubles al agua y las no solubles, las no solubles son las más comunes. Según numerosos artículos aseguran, por ejemplo, que las siliconas son malas porque dejan restos en el pelo, formando así una película impermeable que no deja traspasar otros agentes hidratantes que son necesarios para el buen cuidado del cabello. Estas solo aportan facilidad de aplicación, suavidad y brillo pero al ser un derivado del petróleo solo puede ser arrastrado por un shampoo con sulfatos, así que si decides usar shampoo sin sulfatos, lo mejor es que consideres acondicionadores y cremas de peinar sin siliconas, ya que tu hebra capilar puede verse afectada.

Algunas siliconas a evitar en tus productos:

- Amodimethicone
- Behenoxy Dimethicone
- Bis-aminopropyl dimethicone
- Cetearyl methicone
- Cetyl Dimethicone
- Cyclopentasiloxane
- Dimethiconol
- Dimethicone
- Stearoxy Dimethicone
- Stearyl Dimethicone
- Phenyl trimethicone
- Trimethylsillamodimethicone

Parabenos:

Los parabenos son conservantes de bajo costo utilizados en productos de belleza, estos proporcionan protección contra los microorganismos dañinos durante la vida del producto, evitando que estos se estropeen. Si un producto no contiene conservantes se deteriorará más fácilmente y podría incluso perder su efectividad. Este ingrediente ha sido marcado como cancerígeno según varios estudios y ha sido relacionado con alergias y reacciones negativas en la piel y la sangre. Al hacer un análisis de sangre, este es reconocido como formol, el mismo químico que utilizan para preservar los cuerpos post mortem.

Algunos parabenos a evitar:

- Butylparaben
- Methylparaben
- Propylparaben
- Ethylparaben
- Alkyl parahydroxy benzoates

Aceites minerales:

Los aceites minerales son aceites derivados del petróleo presentes en diferentes productos de belleza. Es parecido a las siliconas ya que promete mantener la hidratación pero tiende a tapar los poros de la piel y la cutícula del pelo. En el mercado existen algunos aceites que dicen ser para el cabello, pero fíjate en la etiqueta que entre sus ingredientes no tengan aceite mineral. Por igual, para poder retirarlos necesitarías de un shampoo con sulfatos.

Alcoholes:

Quizás cuando ves que un producto para tu cabello contiene alcohol creas que te va a hacer daño, pues no todos los alcoholes que lees en las etiquetas de los productos son malos para nuestro cabello. Existen dos tipos de alcoholes:

1. Alcoholes "grasos" o de cadena larga: Estos menudo se derivan de productos naturales como el aceite de coco. Ayudan a que el agua y el aceite se combinen en los productos, suavizan la cutícula y ayudan a desenredar y a humectar el cabello. Estos son los buenos.

Los alcoholes de cadena larga más utilizados:

- Cetyl alcohol
- Cetearyl alcohol
- Strearyl alcohol
- Lauryl alcohol
- Myristyl alcohol
- Behenyl alcohol
- C30-50 Alcohol
- Isocetyl alcohol
- Isostearyl alcohol
- Lanolin alcohol

2. Alcoholes de cadena corta: Se usan como aditivos en champús, acondicionadores, espumas, geles y tintes para el cabello para asegurar una mejor distribución y proporcionan un menor tiempo de secado del cabello porque se evaporan muy rápido. Sin embargo, ese mismo efecto de evaporación puede secar el cabello,

ya que absorben la humedad, dejando la cutícula más seca y con frizz. Estos son los que debes tratar de evitar.

Esta es la lista de los alcoholes de cadena corta más utilizados:

- Alcohol
- Etanhol
- SD alcohol
- Ethyl alcohol
- Propanol alcohol
- Alcohol denat
- Denatured alcohol
- Isopropyl alcohol
- Witch Hazel
- Propyl alcohol

Los alcoholes neutros, como por ejemplo, el alcohol bencílico (utilizado como conservante ecológico) no tienen ningún efecto sobre cómo se ve y se siente el cabello.

Todos estos ingredientes no son el demonio como los pintan, pero si estás empezando la transición lo mejor es evitarlos por un tiempo hasta que tu cabello se recupere, aunque no sigas el método Curly Girl. Es cierto que resulta un poco tedioso estar buscando entre las etiquetas cuando vas a las tiendas y con esa enorme lista de químicos puede ser abrumador, pero no será por mucho tiempo.

Si decides llevar el método Curly Girl entonces debes evitarlos a toda costa e incluso puede llegar a ser más efectivo de esta manera, ya que tu cabello puede recuperarse si lo que tienes es un daño por calor y no tendrías que cortar tanto cabello. Recuerda que debes cortar tus puntas cada 3 meses y evitar el calor, tintura y descoloración en tu cabello sobre todo en el proceso de transición. Al hacer esto podrías debilitar tu hebra y retrasar el proceso.

Diccionario rizado

Al iniciar en este nuevo mundo rizado encontrarás entre todo lo que leas o los videos que veas muchos términos que quizás no comprendas al principio y otros que no tienen una traducción literal a nuestro idioma, por eso te he creado este pequeño diccionario de términos comunes que podrían serte de utilidad en medio de este camino rizado.

Afro Puff: Es un estilo de peinado que consiste en hacer una cola alta preferiblemente con una goma de espiral sin apretarla. Bajas la cabeza, recoges con la goma y puedes fijar el peinado con pinchos, horquillas o como le llamen en tu país.

Banding: Es una técnica, o estilo protector de estar en casa o para dormir. Consiste en dividir el cabello en secciones y colocar gomas elásticas a lo largo del pelo. Esto sirve para alargar los rizos, es decir, para evitar un poco el encogimiento.

Blow out: Es una técnica que consiste en estirar el rizo con un cepillo y un secador. Si vas a usar esta técnica, recuerda usar calor moderado y también un protector térmico para no dañar el cabello, ya que podría hacerte perder tus rizos. Previamente lo mejor es poner un tratamiento profundo o mascarilla para fortalecer la hebra capilar.

Bantu Knots: Es un peinado que consiste básicamente en tomar secciones pequeñas de cabello, retorcerlo y luego enrollarlo sobre sí mismo creando unos moñitos apretados, los cuales vas a fijar con gomas elásticas u horquillas.

Big Chop o Gran corte: Es cortar todo tu cabello desrizado o dañado por calor para comenzar desde cero con el cabello natural.

Co-Wash: Hacer un co-wash es usar un acondicionador ligero/acuoso para lavar el cabello en vez de shampoo. Existen en el mercado productos que ya son para este uso.

Crunch: Es el efecto acartonado o duro que pueden dejar los productos para estilizar sobre el cabello, dejando el cabello sin movimiento. Solo necesitas colocar un poco de aceite de coco en tus manos y hacer scrunch para solucionarlo.

Crema de peinar: Es un producto de estilizado que ayuda a controlar el frizz, facilita el peinado y suaviza el cabello. También añade un poco de fijación y al igual que los leave-in, no necesita aclarado.

Curly Girl Method o Método Curly Girl: Es un régimen capilar que busca evitar el uso de ciertos ingredientes que perjudican a la salud del cabello rizado, como son los sulfatos, el aceite mineral, las siliconas, los parabenos y alcoholes.

Finger coils: Es una técnica para definir y dar forma a los rizos con la ayuda de los dedos, haciendo movimientos en espiral para torcer cada mechón de cabello.

Flat Twist: Es un estilo protector similar a los twists. Con la diferencia de que los flat twist van pegados a la cabeza. Son trenzas desde el cráneo.

Frizz: Se traduce como el encrespamiento del cabello.

Fluffing: Es una técnica que precisa de un peine de dientes anchos o peineta, para conseguir así aumentar el volumen del cabello.

Leave-In: Es un tipo de acondicionador que no necesita ser aclarado. Se coloca como primer producto para estilizar para sellar la hidratación que aportó la mascarilla y acondicionador en el momento del lavado.

L.O.C. method o método L.O.C.: El método L.O.C. es una manera de hidratar el cabello en tres pasos que son Leave in, Oil (aceite) y Crema de peinar. Existen variaciones de este según la necesidad de la persona.

No poo: Significa no usar champú al momento de lavar el cabello.

Plopping: Es un método que se usa para secar el cabello usando una camiseta de algodón o una toalla de microfibra para disminuir el frizz y definir los rizos.

Pulsing: El método pulsing es una técnica que consiste en aplicar con las manos y muy generosamente tus productos habituales sobre el pelo empapado de agua, haciendo un movimiento similar al del scrunching. Con el pulsing se consigue que los rizos se agrupen, ganando definición y más cuerpo. El pulsing es popular porque al presionar con las manos el cabello empapado de agua y gel se produce un sonido muy característico, algo así como "cuichi cuichi".

Pre-poo: Preparar el cabello con aceites u otros productos antes de lavar el cabello con champú, para evitar así la pérdida excesiva de hidratación.

Refresh: Es la forma de llamar a la técnica de refrescar los rizos con agua en un atomizador los días siguientes a la definición.

Scab Hair: El scab hair es el pelo que nace dañado desde el folículo. Es una consecuencia ya sea por calor, decoloraciones, alisados, keratina, entre otros procesos agresivos repetidos sobre las raíces y cuero cabelludo. Cuando se habla de scab hair se hace referencia al cabello con un patrón y una textura habitualmente más débil, irregular o menos rizado de lo que solía ser antes del aplicar los procesos quimicos. El cabello que nazca de tu raíz no necesariamente será tu patrón de rizo natural por esta razón, el cabello primero pasa por una etapa de recuperación.

Scrunching o Scrunch: Es una técnica para definir el rizo. Se trata de recoger con ambas manos el cabello, elevándolo desde las puntas hacía el cuero cabelludo, apretando suavemente durante unos segundos. También hace un sonido muy característico de "cuichi cuichi"

Shampoo clarificante: Un shampoo clarificante tiene un poder limpieza más elevado y una capacidad de arrastre mayor ya que normalmente suelen llevar sulfatos, pero también los hay sin ellos.

Squish to Condish (STC): Es una técnica inventada por Melissa Stites para hidratar y definir los rizos de tipo 2, 3A y 3B. Esta técnica se basa en aplicar el acondicionador con la cabeza hacia abajo, y potenciando su acción con la técnica del scrunching (estrujar el cabello) y empapado de agua para mejor absorción.

Transición: El proceso de pasar de cabello desrizado o tratado químicamente a tener cabello natural.

Twists: Es un metodo de definicion que consiste en hacer trenzas sueltas de dos y tres puntas en el cabello.

Wash & GO: Consiste en lavar el cabello con shampoo o acondicionador, utilizando después un leave in, gel o una crema de peinado, para terminar dejando secar el cabello al aire libre.

A la hora del lavado

Mientras que las mujeres de cabello lacio se dirigen al salón de belleza para peinar su cabellera y otras lo lavan en casa en poco tiempo y lo dejan secar al aire libre, para las rizadas esto es más un ritual que necesita de horas o un día libre para esto. ¡No te asustes! Te explicaré como puedes hacer correctamente tu rutina de lavado y en el menor tiempo posible.

Lo primero que debes hacer, antes de lavar tu cabello, es aplicar un pre poo. Como pudiste ver en el diccionario rizado, un pre poo es preparar tu cabello previo al shampoo para mantener la mayor hidratación posible. Puedes hacerlo con tu aceite de preferencia, ya sea aceite de coco, oliva, aceite de semillas de uva, aceite de jojoba, de ricino, siempre y cuando sean naturales y no minerales. Aplícalo de medios a puntas y déjalo alrededor de 15 minutos a 2 horas como máximo.

Si no cuentas con tiempo para esperar ese día de lavado, puedes, la noche anterior, hacer un invernadero. ¿Qué es un invernadero? Un efecto invernadero consiste en humedecer tu cabello con un atomizador, aplicar el aceite de tu preferencia de medios a puntas y usar un gorro y un paño para cubrir el cabello, esto dará un efecto de calor y así podrá penetrar tu hebra capilar y estar listo para el lavado a la mañana siguiente.

Para lavar tu cabello no necesitas una cantidad enorme de shampoo, realmente a las rizadas el shampoo nos dura un montón, solo necesitas aplicar shampoo a tu cuero cabelludo y masajear con la yema de los dedos, nada de usar las uñas. No frotes tu cabello como si fuese un trapo que debes lavar para quitarle las manchas, solo debes masajear en tu cuero cabelludo, que es donde se encuentra la mayor cantidad de grasa y a medida que enjuagues tu cabello tus hebras se limpiaran con la espuma que baje, de esta manera mantendrá la hidratación que aplicaste con tu pre poo. Puedes aplicar shampoo tantas veces como sea necesario hasta que lo sientas limpio, preferiblemente un shampoo sin sulfatos.

A esto le sigue la mascarilla, tratamiento profundo o deep conditioner. Para aplicar la mascarilla hazlo de medios a puntas, evita el cuero cabelludo ya que lo que realmente necesita ser acondicionado, es la hebra capilar, no tu cuero cabelludo. Si aplicas mascarillas o acondicionadores a tu cuero cabelludo es muy probable que sea el causante de caspa y cabello apalmazado. Fíjate en la etiqueta de tu producto, este te dirá la cantidad de tiempo que debes dejarlo actuando.

Para desenredar tu cabello, hazlo desde las puntas hacia arriba, asi evitas los nudos y la pérdida excesiva de cabello, ya que estas soltando las puntas y no apretando el nudo desde arriba. Me lo agradecerás.

Por último el acondicionador. Este te va a servir para sellar la hidratación que aplicaste con tu mascarilla o deep conditioner. Aplica de medios a puntas y masajea un poco tu cabello por unos minutos, seguido de esto y con tu cabello ya bien suavecito, puedes retirarlo con abundante agua.

Recuerda: Shampoo solo en tu cuero cabelludo, mascarillas y acondicionadores de medios a puntas.

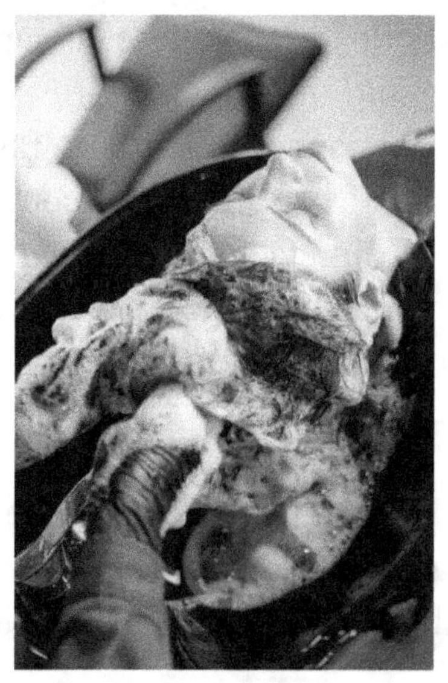

Este es un claro ejemplo de cómo NO debes lavar tu cabello. Recuerda: no es un trapo sucio.

Define tus rizos

Existen diferentes métodos de definición para el cabello rizado, puedes probarlos todos hasta saber cuál es el que más le conviene a tu cabello. Aquí te dejo los métodos más conocidos y sencillos con los que puedes estilizar tus rizos.

Bantu knots

Consiste en separar el cabello en muchas secciones como si fueras a hacerle muchas colitas a una niña, luego en cada sección retorcer y enroscar el cabello formando asi pequeños moñitos apretados. Para mantenerlos en su lugar solo necesitas pinchos u horquillas. Si eres de las que no soportan las horquillas en el cabello, las gomitas elásticas son tu solución.

Plopping

Para hacer este método vas a colocar una toalla de microfibra o blusa de algodón sobre la cama, y habiendo colocado ya los productos en tu cabello, pondrás tu cabeza hacia abajo sobre la toalla y la vas a envolver formando así una especie de gorro. Luego de 30 min puedes retirarla. Esta técnica es una de las más fáciles, y es perfecta para aquellas chicas que prefieren no utilizar el secador. Al mismo tiempo define los rizos y reduce el frizz, mientras el pelo se seca.

Raking

Este método consiste en colocar la mano como si fuese una garra para así distribuir bien los productos y formar unos rizos sueltos y gruesos.

Shingling

Este método requiere un poquito más de tiempo.

Separa tu cabello en secciones, las cuales vas a peinar de abajo hacia arriba. Con tus productos de estilizar previamente aplicados en tu cabello desenredado vas a tomar pequeños mechones, los cuales vas a estirar desde arriba hacia las puntas, uno por uno, para así tener definidos y bien hidratados rizo por rizo. Cuando hayas terminado con una sección de tu cabello, haz scrunch para ayudar a la forma del rizo. Si quieres rizos más alargados, salta ese paso.

Finger Coils

Para este método debes tener paciencia, pero valdrá la pena ya que es uno de los que más te van a durar sin tener que volver a peinarte en días.

Al igual que con el método anterior, vas a aplicar tus productos y separar tu cabello por secciones, vas a tomar pequeños mechones de cabello y vas a retorcerlos desde la raíz hasta las puntas para así formar un rizo perfecto. Cuando hayas terminado de hacer eso en todo tu cabello, coloca tu cabeza hacia abajo y haz scrunch. Si quieres conseguir mucho volumen con este método no lo hagas en dirección hacia abajo, sino hacia arriba o hacia los lados, alejando así el mechón de la cara. Eso asegurara no solo una definición desde la raíz, sino también que la raíz no estará pegada a tu cráneo.

Perm rods y flexi rods

Estos métodos normalmente son realizados en salones rizados, pero tú misma puedes hacerlos en casa.

Los perm rods son unos rolos con una tapita y un elástico pegado a ellas mientras que los flexi rods son unos tubos de foam los cuales puedes doblar. La única diferencia entre ellos está en que los perm rods son para cabello más corto y los flexi para un cabello más largo. Si haces unos flexi en cabello corto puedes conseguir un efecto de rizos más alargados. Ambos vienen en diferentes grosores.

Vas a dividir tu cabello en pequeñas secciones. Toma un mechón y pega las puntas bien mojadas al rolo o flexi y ve enrollándolo hasta llegar a la raíz, luego, pon la tapa del perm rod justo sobre tu raíz o dobla el flexi arriba y abajo, para mantenerlo en su lugar. No los sueltes hasta que estén completamente secos. Cuando estén secos, coloca un poco de aceite de coco en tus manos y suéltalos enrollando en dirección contraria, sin tirar de ellos y luego separa cada uno de esos grandes bucles y utiliza una peineta o peine de dientes anchos para unificar la raíz y darle volumen a tu melena. El aceite de coco va a evitar que tu cabello tome frizz.

Twist y flat twist

Estos métodos consisten en hacer trenzas de dos y 3 cabos. La única diferencia es que las flat twist son trenzadas desde el cráneo. Cuando estén completamente secas puedes abrirlas y separarlas con aceite de coco y dar volumen en la raíz con una peineta o peine de dientes anchos.

Cepillos definidores

Estos cepillos vienen en diferentes marcas. La marca más famosa es Denman y tienen una gran variedad de cepillos con diferentes números de cerdas.

Pasa el cepillo por pequeñas secciones que tengan producto aplicado previamente y al bajar el cepillo dale una pequeña vuelta hacia arriba o hacia abajo, depende como quede mejor tu cabello y luego haz scrunch para formar los rizos. Estos cepillos te darán unos rizos bien separados y definidos. Su única desventaja es que no definen muy bien la raíz, mientras que su ventaja es una definición linda en mucho menos tiempo.

¿Cómo puedo mantener mi definición?

Luego de lograr esa definición perfecta, de tener ese cabello lleno de brillo y volumen, lo que menos vas a querer es que se arruine. Una definición puede durarte de 3 a 5 días siempre y cuando los cuides al dormir.

Tus mejores aliados a la hora de dormir serán un gorro de satín y una funda de almohada de satín. Este material al ser resbaladizo y poco absorbente, mantendrá la hidratación de tus rizos, a diferencia de una ropa de cama de algodón, ya que esta con el movimiento al dormir puede causar mucho frizz y desbaratar tus rizos.

Si tienes el cabello largo, puedes dividir tu cabello en varias secciones y hacer piñas o puff. A la mañana siguiente solo debes quitar el gorro, soltar las piñas y sacudir tu cabello para darle forma otra vez, si tienes que refrescar tus rizos con un poco de agua y rehacer algunos rizos que hayan perdido su forma, puedes hacerlo aplicando un poquito más de producto y agua. Para dar volumen solo necesitaras a tu amiga la peineta, que te ayudara a levantar esas raíces.

¿Qué pasa si...?

Puede que durante o después de tu transición notes que tu cabello está cambiando, agregas los productos y tu definición no queda igual, se ven resecos, pierden fuerza y elasticidad, no tienen el mismo brillo, etc. Ten calma, eso quiere decir que necesitas hidratación, nutrición o reconstrucción. Te explicare que son cada una de estas y como puedes volver a darle vida a tu cabello.

Hidratación

La hidratación es igual a agua.

Las sustancias que van a devolver el agua al cabello son los extractos de frutas, los extractos e infusiones de plantas, el aloe vera, la glicerina, entre otros. Para identificar si tu cabello necesita hidratación debes fijarte si tu cabello está seco, si ha perdido su brillo, si se ha vuelto poroso y maltratado.

Si realizas hidratación en exceso puedes ahogar tu cabello, al igual que a una planta. Si le das exceso de agua entonces va a faltarle otros nutrientes. No es necesario hacer hidratación 5 veces a la semana, con 2 está bien.

Nutrición

Nutrición es igual a aceites.

La nutrición le devuelve los aceites al cabello y las sustancias que van en las nutriciones son todos los aceites y grasas vegetales. Por la estructura en espiral que tiene nuestro cabello, le cuesta mucho más que esa grasa natural que producimos llegue a medios y puntas, de ahí que la mayoría de los cabellos rizados sean mucho más secos, porque la grasa natural que producimos no se desliza tan fácilmente por nuestro cabello.

Para identificar que tu cabello necesita nutrición debes fijarte si tienes las puntas secas, las puntas abiertas o mucho frizz. Para realizar una nutrición debes aplicar mantecas o aceites vegetales ya sea solos o agregados a tu mascarilla. Con aceites vegetales me refiero a aceite de oliva, de almendras dulces, aceite de ricino, aceite de jojoba, etc. Entre las mantecas puedes utilizar la manteca de karite, manteca de murumuru y manteca de cacao.

Si realizas nutrición en exceso tu cabello tendrá una sensación de cabello graso o cabello sucio y se va a acabar viendo apelmazado y con poco volumen.

Reconstrucción

Una reconstrucción es igual a proteínas.

Entre las sustancias que se pueden utilizar para hacer una reconstrucción están la keratina liquida, los aminoácidos, el colágeno, el huevo, la leche, el trigo. Para identificar que tu cabello necesita reconstrucción debes fijarte si tu cabello es quebradizo, si está débil, si tienes cabello decolorado o con procesos químicos como los tintes. Para los cabellos decolorados y teñidos la reconstrucción es perfecta ya que le devuelve la proteína a tu cabello y por ende la elasticidad.

Si realizas reconstrucción en exceso tu cabello se pondrá rígido, opaco, puede perder el brillo y notaras que se pone duro, por eso es recomendado realizarlo solo 1 vez al mes o cada 2 semanas.

Si presentas varias de estas cosas a la vez, puedes hacerlas todas perfectamente siguiendo un cronograma capilar, una a la vez.

Lo que nadie te dice sobre el cabello rizado

1. Durante tu transición tu cabello se va a quebrar y caer, y es de esperarse porque va a estar recibiendo un trato totalmente diferente al que estaba acostumbrado.

2. No siempre tu cabello se verá espectacular. El cabello rizado tiene sus días buenos y malos y puede que un día que no vayas a salir de casa se vea perfecto, con brillo y volumen, pero que el día que vayas a salir esté…bueno…que hay que darle un par de retoquitos.

3. Si eres una persona tímida, prepárate para la atención. El cabello rizado siempre sobresale entre los demás y mucha gente va a querer tocarlo y saber si es real.

4. No existe una fórmula mágica para hacerlo crecer. Vas a encontrar en internet muchísimos remedios naturales que te prometen un cabello largo en 7 días y pues no, no es así. El

promedio de crecimiento del cabello es de 1cm al mes y debes tener mucha paciencia y darle el cuidado necesario para que se mantenga sano y puedas mantener su largo. La clave está en la paciencia y la constancia, pero no te vuelvas loca buscando mil maneras para hacerlo crecer, el crecerá a su tiempo. Disfruta todas las etapas de tu cabello, de corto a largo.

5. Todos a tu alrededor van a volverse expertos en el área y querrán opinar. Puede venir de tu madre o del vendedor de frutas de la esquina, pero siempre existirán los comentarios sobre tu cabello. Que si se veía mejor lacio, que qué te pasa, que si estás enferma, que deberías alaciarlo porque no es formal. Habrán muchos comentarios tanto positivos como negativos y debes estar preparada para ellos.

6. No lo cortes estando mojado. El cabello rizado se encoge bastante y puede que pienses que estás cortando 1 pulgada y realmente se vea como 3 pulgadas al momento en que se seque.

7. El producto maravilloso y carísimo que te recomendó tu amiga o tu influencer rizada puede que no te pruebe a ti como a ellas. Cada cabello es diferente y vas a estar en un constante "prueba y error" hasta llegar a los productos que le vayan bien a tu cabello. No siempre el producto más caro es el que te dará los mejores resultados.

8. Eso de "wash and go" no es real, no es para nada un lávate y vete pues requiere del mismo tiempo y dedicación.

Una nota para ti

Ten paciencia y constancia, es lo que hará que logres tu objetivo deseado con tu cabello. No te compares con nadie, no quieras tener los rizos de nadie, los que nacen de ti, son los más preciosos, porque son tuyos. Sigue una rutina que te acomode y que también te ayude, puedes buscar cronogramas capilares para eso. Tomate en tiempo de conocer tu cabello, los productos y métodos de definición que más le conviene y está atenta a las señales, para que puedas notar si necesita hidratación, nutrición o reconstrucción y sobre todo, disfruta esta nueva tú.

Gracias por tomarte el tiempo de leer lo que tenía para ti, me alegra mucho que lo hayas hecho y que puedas ahora saber todo lo que yo no sabía cuando inicié este proceso desde cero. Espero que te sirva de mucho y que tu melena sea la más espectacular de todos los lugares a donde vayas. Brillarás con luz propia.

www.ingramcontent.com/pod-product-compliance
Lightning Source LLC
Chambersburg PA
CBHW070746240726
48654CB00010B/1189